圣教序

（一）
笔法笔画

王丙申 编著

行书入门

1+1

海峡出版发行集团
THE STRAITS PUBLISHING & DISTRIBUTING GROUP
福建美术出版社

图书在版编目（CIP）数据

行书入门 1+1：圣教序．1，笔法笔画 / 王丙申编著
．-- 福州 ：福建美术出版社，2023.4（2024.1 重印）
ISBN 978-7-5393-4455-3

Ⅰ．①行… Ⅱ．①王… Ⅲ．①行书—书法 Ⅳ．
① J292.113.5

中国国家版本馆 CIP 数据核字（2023）第 035603 号

出 版 人：郭　武
责任编辑：李　煜

行书入门 1+1·圣教序（一）笔法笔画

王丙申　编著

出版发行：福建美术出版社
社　　　址：福州市东水路 76 号 16 层
邮　　　编：350001
网　　　址：http://www.fjmscbs.cn
服务热线：0591-87669853（发行部）　　87533718（总编办）
经　　　销：福建新华发行（集团）有限责任公司
印　　　刷：福建新华联合印务集团有限公司
开　　　本：889 毫米×1194 毫米　1/16
印　　　张：10
版　　　次：2023 年 4 月第 1 版
印　　　次：2024 年 1 月第 6 次印刷
书　　　号：ISBN 978-7-5393-4455-3
定　　　价：76.00 元（全四册）

　　历来提笔修习书法都要从最基础的笔画学起。古人云："一点成一字之规，一字乃终篇之准。"这说明点画是书写的根本。用笔就是笔画书写的法则和规律，包括起笔、行笔、收笔等几个步骤。那么，我们应该如何熟练正确地掌握笔法呢？首先，我们要认真观察每个笔画的大小、长短、粗细、轻重和角度等问题。然后，要分析其用笔、行笔是中锋还是侧锋，行笔速度是快是慢等问题。最后，根据要求运用正确的笔法进行书写。欧阳询的《用笔论》曰："夫用笔之体会，须钩粘才把，缓继徐收，梯不虚发，斫必有由。"其意思正是讲用笔的体会，执笔必须双钩紧贴，刚好把握，缓缓地引笔，慢慢地收锋，要有所依托来由，不可随便动笔，下笔入纸开始书写必须以古法为依据准则。与楷书相比，王羲之行书的起笔多用露锋，收笔多为出锋，笔画之间方圆转折，牵丝相连，变化莫测，而行书的魅力正源于此。

　　起笔又称落笔、下笔，是用笔的起始，笔锋开始接触纸面的动作。收笔是完成一个字后，笔锋离开纸面的动作。运笔则是指从起笔到收笔的整个行笔过程。

　　在用笔时，运用手腕运转毛笔，要熟练掌握指、腕、臂的作用及其相互关系。一般来讲，手指主要作用于执笔，腕和臂的作用在于运笔。至于运腕、运臂的幅度大小，则是根据字的大小来决定。字愈小者，运腕的幅度越小。字愈大者，运腕、运臂的幅度越大。正如清人蒋和所说："运用之法，小字运指，中字运腕，大字运肘。"指、腕、臂三者之间要相互协调配合，共同完成书写过程，缺一不可。

　　运笔主要是表现笔画的形态和精神，讲求起驻、使转、斜正、顿挫、方圆、快慢、虚实、长短、粗细等技巧。

如何正确地掌握笔法

1. 粗与细

　　南北朝王僧虔在《笔意赞》中曾说："粗不为重，细不为轻。"意思是，笔画粗，不一定就是凝重；笔画细，不一定就是轻飘。在书写过程中，笔画的粗细应根据字的特征产生不同的变化，不能仅仅追求笔画的粗细，否则反而有失协调。笔画细则要求劲健、挺拔、险绝。笔画粗是为追求笔画的丰满、雄强、含蓄。

2. 方与圆

　　有棱角的笔画称之为方笔，其棱角主要表现在起笔、收笔和转折之处。方笔体现了一种刚劲挺拔、端庄规范的美感，起笔多以露锋。

棱角不明显或没有棱角的笔画称之为圆笔，圆笔给人一种古朴深沉、锋芒内敛、雄浑含蓄之美。起笔多以藏锋。

3. 提和按

用笔关键在于掌握"提"和"按"的技巧。"提"是笔锋接触纸面，并逐渐减少接触面积，从而让笔画由粗变细、由重到轻的运笔过程。提起笔锋时用力要均衡，不宜提得过快，否则会导致笔画粗细不均匀。"按"是指将笔锋用力向下按压的运笔过程，笔锋接触纸面由少到多、由轻到重。按笔时用力要均匀而稳定，不可用力边猛或过快，否则就是会出现"墨猪"般的败笔。

4. 中锋和偏锋

中锋又称正锋，是指书写时笔锋在点画中间运行，笔画圆润饱满。偏锋又称侧锋，是指书写时笔锋在点画一侧运行，笔尖一侧的笔画光洁润滑，而笔腹的一侧枯燥滞涩。

通常我们写一个点画时，起笔多用侧锋，行笔一般用中锋。这两种笔法相互交叉使用，使笔法更具变化。

5. 露锋和藏锋

露锋指的是起笔和收笔时，笔锋显露出来。下笔时，落笔即走，笔画开端呈尖形或方形。藏锋，就是起笔和收笔时笔锋藏在笔画之内不外露，笔画开端呈圆形。

书写长横时要注意形态两头粗中间细，左低右高，笔画舒展，扛肩角度要更明显。当长横位于字的中部时，左展右收，末端或方或圆，略顿收笔。例如"晋"字的长横，顺锋入笔，转而向右上中锋行笔，末端回锋轻收。当长横在字的顶部时，其形态长而纵展，呈现覆下之势，两头粗中间细，其末端重顿继而向左下略出锋，以呼应下面用笔，例如"所"字。

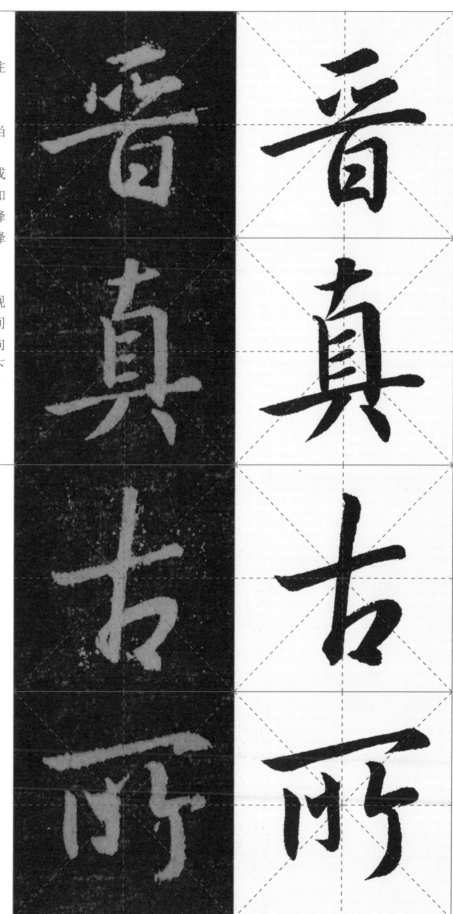

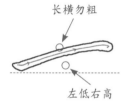

长横勿粗

左低右高

露锋起笔、稍顿。

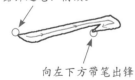

向左下方带笔出锋

【短横】

书写短横，需露锋轻入笔，转向右行笔，形态宜短且呈仰势，至末端处缓缓提笔，也可稍作回锋。

短小

勿弯

【左尖横】

顺锋轻入笔，而后向右上方中锋行笔，至末端笔尖稍提，如"天"字；还有末端收笔向左下出锋牵丝呼应下部用笔，整体由轻渐重，如"自"字。

由轻到重

露锋起笔

露锋起笔，稍顿，然后向右上中锋行笔，至末端时稍顿，再向左上出锋，与下一笔画呼应连带。

与下一笔呼应

左低右高

露锋起笔，稍顿，然后向右上方行笔，至末端时顿笔，再顺势向左下方出锋，出锋牵丝，笔断意连。

尖

重

出锋

【横竖相连】

横画露锋起笔与中竖牵丝呼应。横画中部向右下略呈弯弧，整体形态体现仰势，与中竖形成曲直对比。

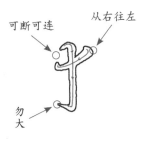

可断可连　从右往左

勿大

【横撇相连】

横与撇相交的字写法也有多种。如"庸"字，横画纵展，左低右高，两头粗中间细。横画末端稍顿向左下与撇画连写，撇画微弯。

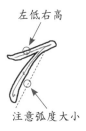

左低右高

注意弧度大小

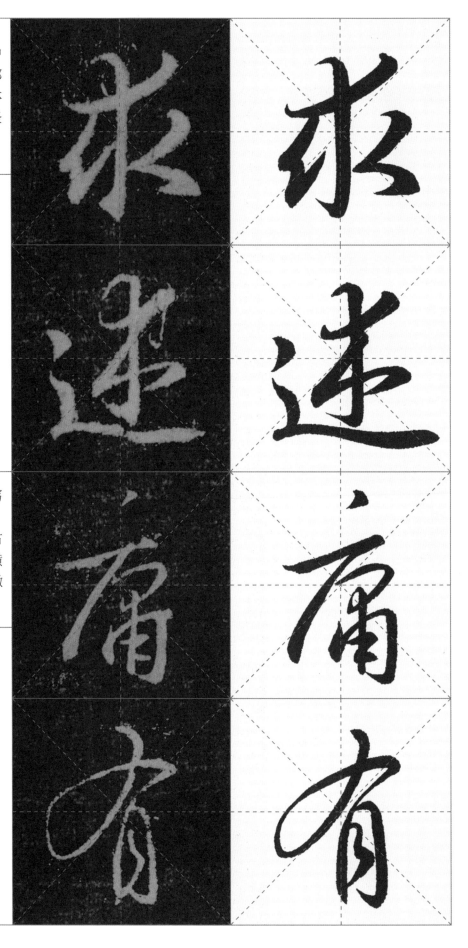

<table>
<tr>
<td>

【相连横】

</td>
<td>

当一个字中上下出现多个横画时，应上下横画牵丝相互连带，首尾呼应。要注意各横画长短参差，粗细形态的变化。

</td>
</tr>
</table>

可断可连　长短有别

【垂露竖】

起笔藏锋、露锋均可，稍顿后向下垂直行笔，至末端时稍顿，提笔收锋。

略重　垂直　回锋收笔

【悬针竖】

逆锋起笔，旋转笔锋以中锋垂直向下行笔，至末端时缓缓提笔收锋，其形如针，故称"悬针竖"。

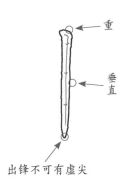

出锋不可有虚尖

【尖头竖】

形态短小，通常位于左侧。顺势露锋轻入笔，向下中锋行笔，至末端时笔锋稍向左带，再向下稍顿，最后向右上回锋收笔。

露锋起笔

收笔略重

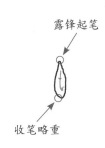

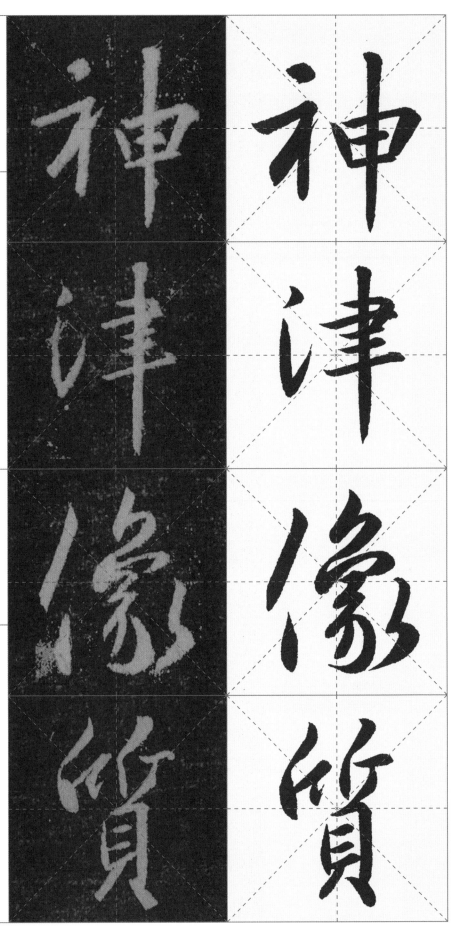

入笔顺锋或逆锋，起笔稍顿，向下中锋行笔。竖画在字左部时，竖画末端向右上稍提顿收笔即可，竖画中部向左带弯弧形态。

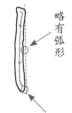

略有弧形

也可向右上带笔出锋

入笔顺锋或逆锋，起笔稍顿，向下中锋行笔，至末端时收笔略停顿回锋，或顺势而下出锋略尖，整体笔画微弯。

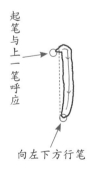

起笔与上一笔呼应

向左下方行笔

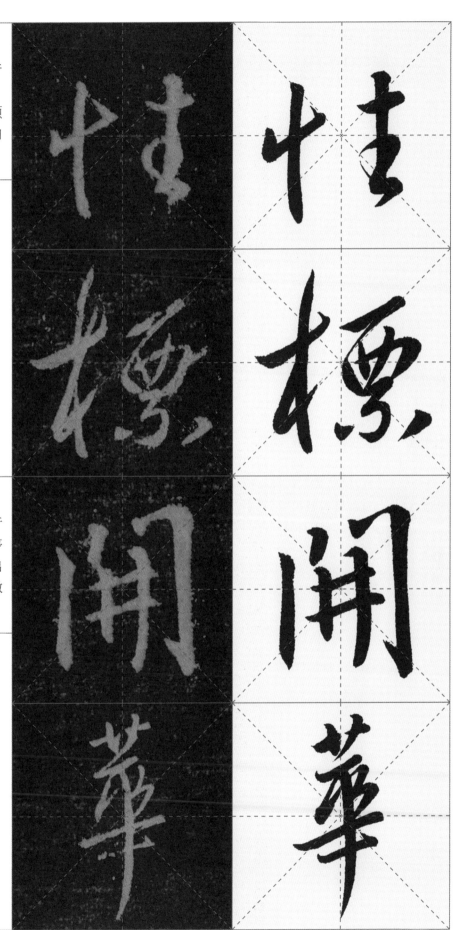

【左挑竖】

顺势轻入笔，稍顿，继而垂直向下中锋行笔，至末端时稍有停顿，最后向左上方略提笔出锋。

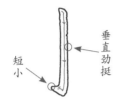

垂直劲挺

短小

【右挑竖】

露锋轻入笔，稍顿，继而垂直向下中锋行笔，至末端略有停顿，最后向右上方提笔，出锋爽利。"右挑竖"或直、或曲，或向左稍弯连带右侧笔画。

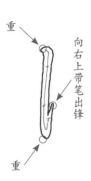

重

向右上带笔出锋

重

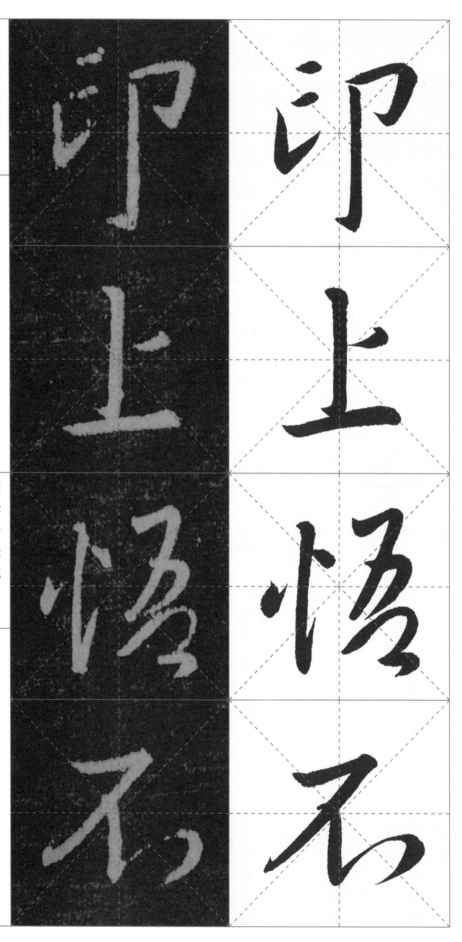

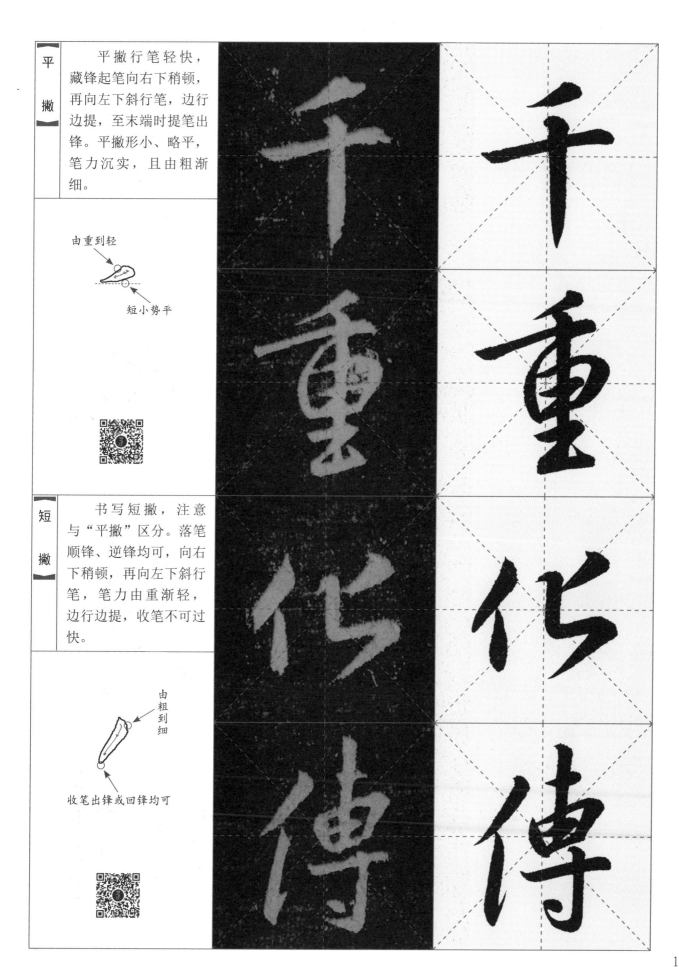

【平撇】
平撇行笔轻快，藏锋起笔向右下稍顿，再向左下斜行笔，边行边提，至末端时提笔出锋。平撇形小、略平，笔力沉实，且由粗渐细。

由重到轻

短小势平

【短撇】
书写短撇，注意与"平撇"区分。落笔顺锋、逆锋均可，向右下稍顿，再向左下斜行笔，笔力由重渐轻，边行边提，收笔不可过快。

由粗到细

收笔出锋或回锋均可

【长撇】

长撇形态微弯，直而舒展，不同的字，斜的角度变化不同。书写时，侧锋落笔向右下稍顿，然后向左下方行笔，由重渐轻，边行边提，顺势出锋。

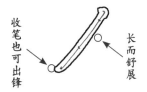

收笔也可出锋

长而舒展

【竖撇】

顺势露锋轻入笔，先中锋向下行笔。中段向右微弯略带有弧形，撇画下段缓缓向左下提笔出锋，出锋不可太尖。

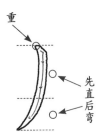

重

先直后弯

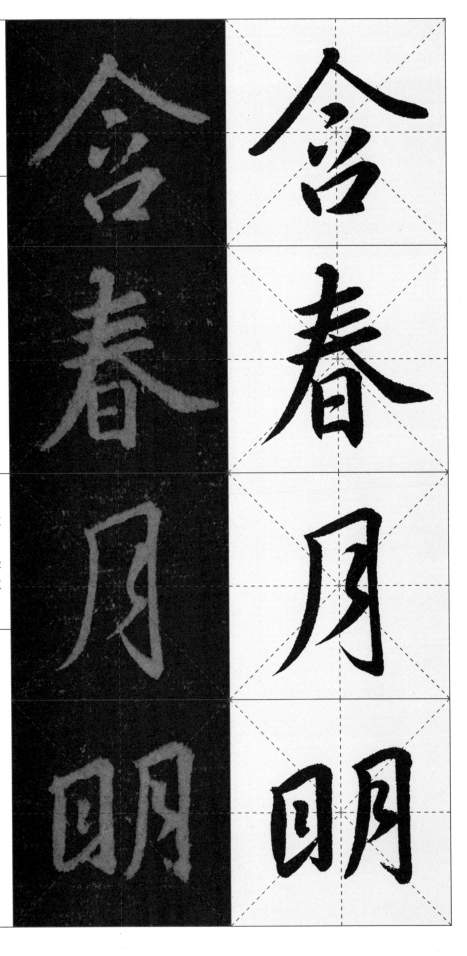

〔回锋撇〕

藏锋起笔，向右下稍顿，或露锋顺势略顿笔，然后向左下中锋行笔。撇画直中带弯，至末端时略停顿，最后向左上方勾挑出锋，出锋勿长。

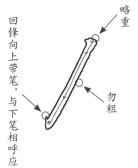

回锋向上带笔，与下笔相呼应。

略重

勿粗

〔斜捺〕

露锋起笔，顺势向右下行笔，行至末端波角处稍顿笔，或直接出锋收笔，或向右缓行，渐行渐轻，提笔出锋，出锋切忌太尖。

注意粗细变化

起笔勿重

出锋不可太尖

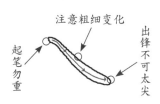

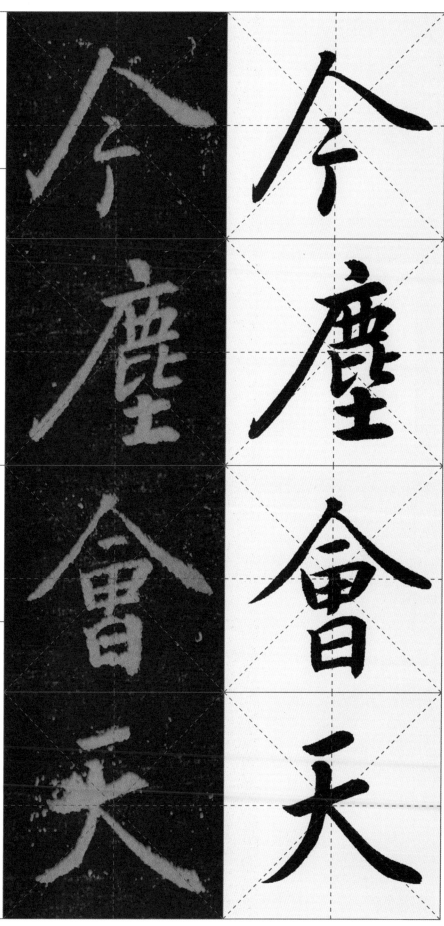

【平捺】

"平捺"在字中起到承托的关键作用，通常连接上面笔画。逆锋入笔，向右下行笔，边行边按，由细到粗，至后段波角处稍顿，再提笔出锋。

重　　　　微翘

势平、略长。

道

越

【反捺】

露锋入笔，顺势向右下中锋行笔，至末端时，稍顿即提笔收锋。反捺由细到粗，注意轻重变化。

露锋起笔

也可回锋收笔

敏

度

侧点又称俯点，露锋轻入笔，边行边按，让笔毫铺开，到位后稍顿，而后略回锋收笔，书写形态讲求圆润饱满。

露锋入笔

饱满

仰点呈现挑势，又称挑点。露锋轻入笔，向下侧锋稍顿，再向右上提笔出锋。整体呈仰势，出锋迅捷，通常与下一笔画呼应。

不可太尖

注意角度大小

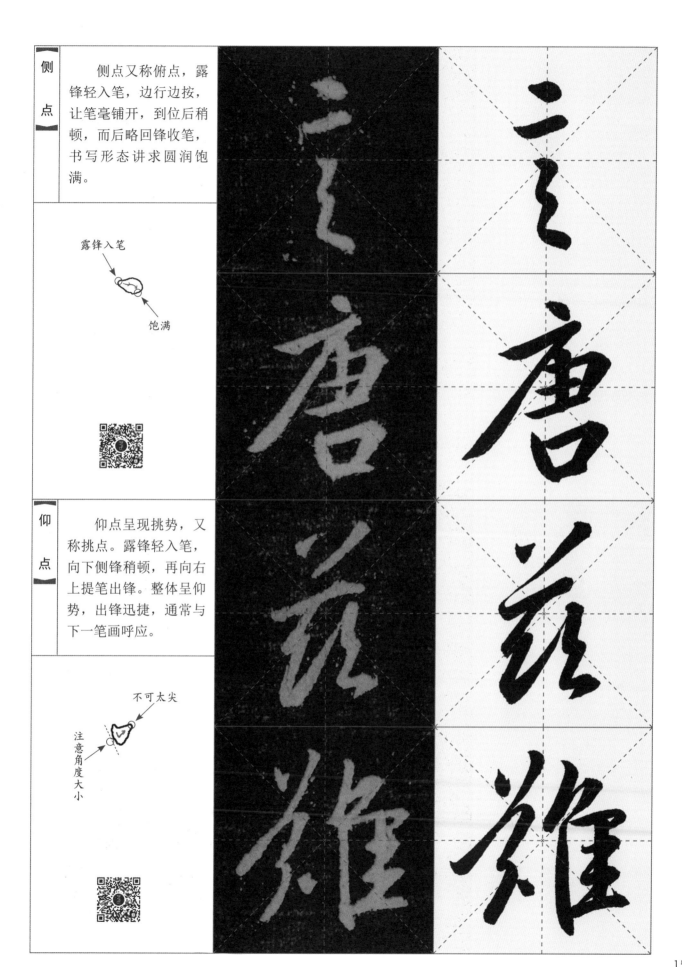

【竖点】

露锋入笔，稍顿，直接顺势略向下行，至末端时稍顿，再向左上稍回锋收笔即可。

露锋起笔

勿长

【撇点】

露锋入笔，向右下稍顿，继而转笔锋向左下中锋行笔，渐行渐提，至末出锋，呼应下面的用笔。行书中的撇点在不同的字中形态长短各有不同。

出锋不可有虚尖

由重到轻

字

光

福

【出锋点】	"出锋点"并非特定某一个笔画，而是指部分点画在上下用笔关联中，需要连带呼应下一用笔时，笔末以出锋收笔，或直接引带下一笔画。

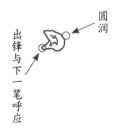

【上下点】	当同一个字中连续出现上下两个点画时，应该环转连带，形态上小下大，下点凝重，低调含蓄。

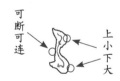

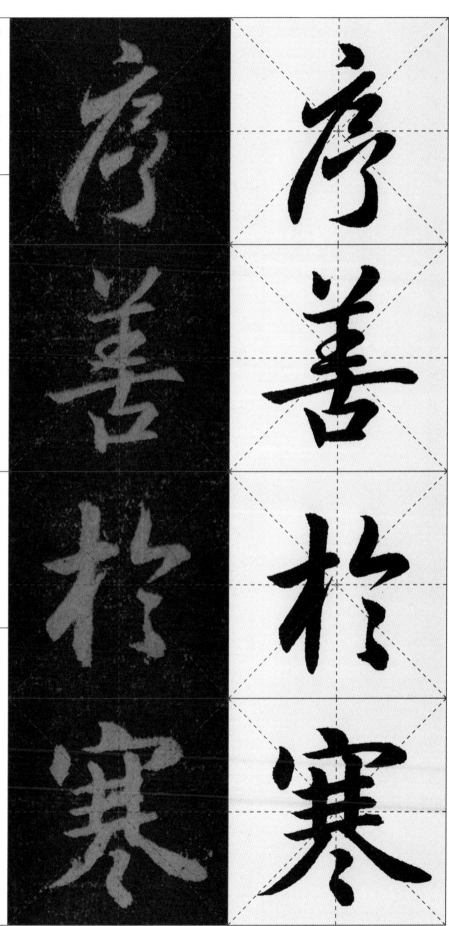

【相对点】

当行书中同时出现左右点画时，应该讲求左右连带呼应，呈相对之势。通常左点呈仰势为"挑点"，笔末出锋呼应右点。右点笔末向左下出锋，呈现俯势。

与下笔呼应

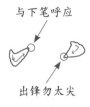

出锋勿太尖

【八字点】

在行书中，某些字底部带有"八字底"，体势相背。通常左点起笔与上面笔画相连带，露锋入笔，两点或断、或连，相互呼应。

笔断意连

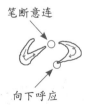

向下呼应

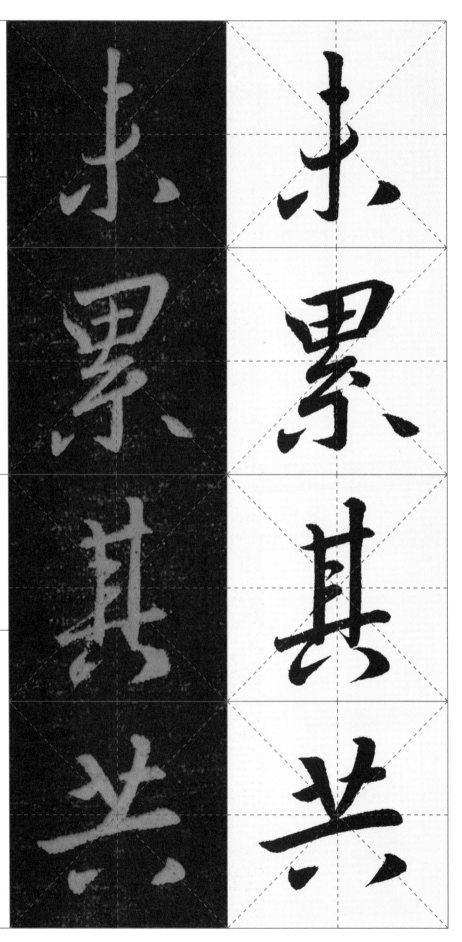

提画	露锋顺势向右下重顿，转笔锋向右上斜行笔出锋，书写时向右上呈现挑势。

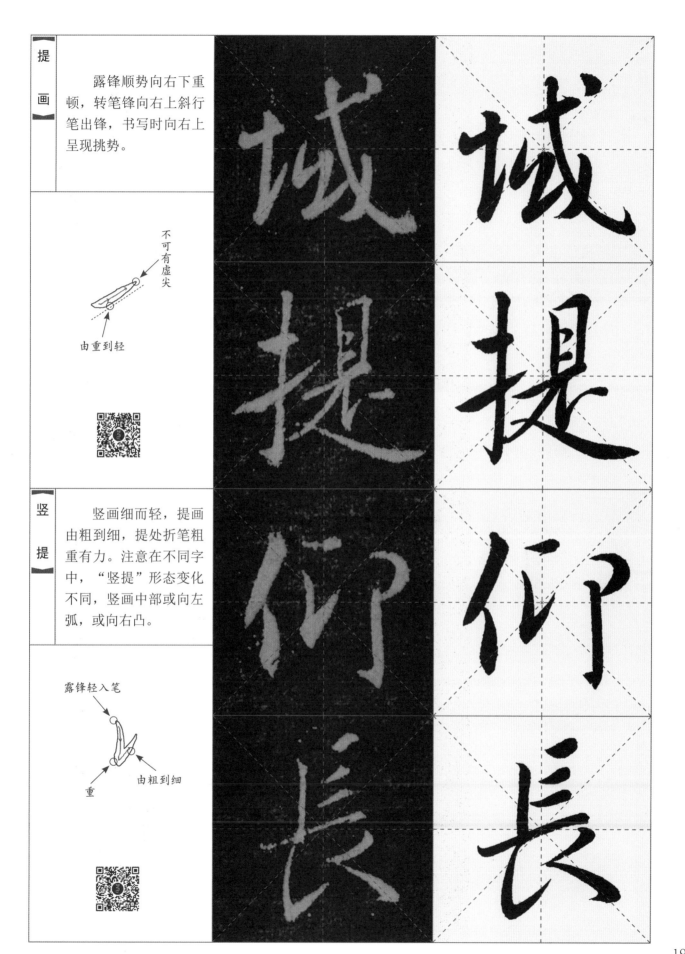

不可有虚尖

由重到轻

竖提	竖画细而轻，提画由粗到细，提处折笔粗重有力。注意在不同字中，"竖提"形态变化不同，竖画中部或向左弧，或向右凸。

露锋轻入笔

由粗到细

重

【横折提】

"横折提"是"言字旁"由行草书体演变发展而来,在行书中保留楷书的特征,转折处方圆兼具,自然从容。注意横画短而扛肩,竖画切勿过高。

左低右高

勿高

由重到轻

【竖钩】

"竖钩"在不同字中的形态高低变化不同。出钩时或向左上或左下均可。

粗

垂直

出钩有向上、平出或向左下这几种写法。

论 论 议 议

则 则 可 可

【弯钩】

露锋入笔，稍顿，向下稍行，至中段向右微弯成弧形，行笔至末端顺势向左边行边提，出锋收笔。

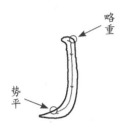

略重

势平

【横折钩】

露锋轻入笔，稍顿，向右中锋行笔，行至折处，稍顿，折笔或方或圆。继而向下写竖钩，竖画或直或弯，出钩或方或圆，长短各异，不可有虚尖，斜正因字而变。

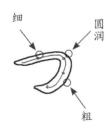

细

圆润

粗

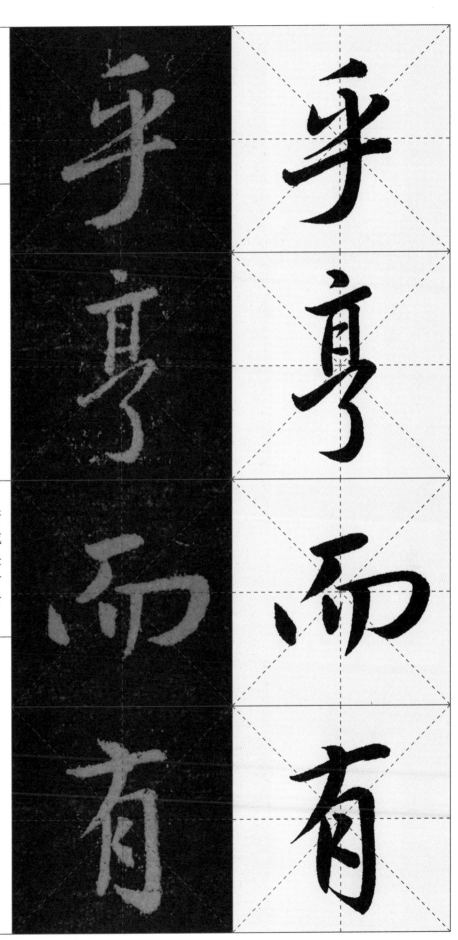

【横钩】

露锋轻入笔，稍顿，向右上斜行笔。至折处稍顿笔，再向左下顺势出锋。横画长而细，出钩要粗重，迅捷有力。

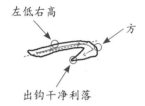

左低右高

方

出钩干净利落

【斜钩】

露锋入笔，顺势往右下中锋行笔，至末端以逆势往右上出锋成钩，忌有虚尖。行书中"斜钩"斜而不倒，潇洒不失遒劲，两端粗重，中部细而柔韧。

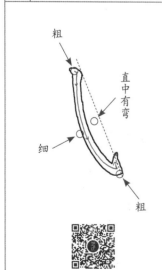

粗

直中有弯

细

粗

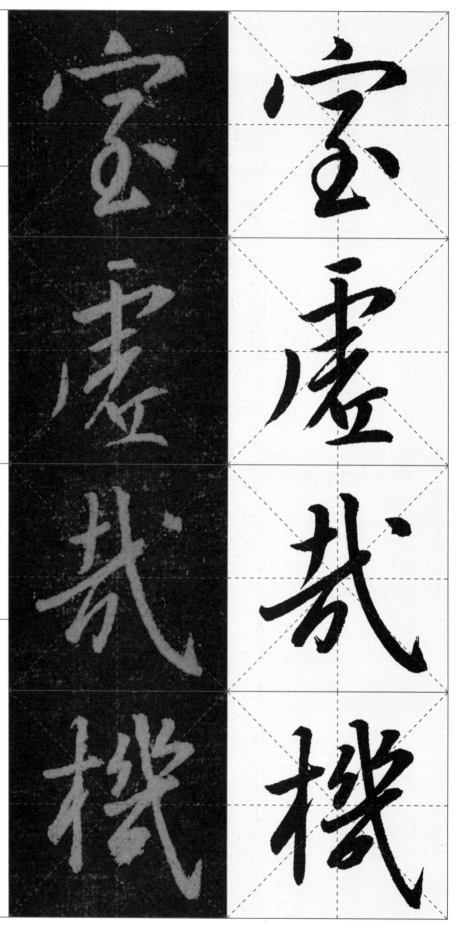

露锋入笔，横画往右上扛肩，由轻渐重。至折处向右上稍提带，转向下顺势写斜钩，斜钩中部向左弯弧收腰，出钩沉缓有力。

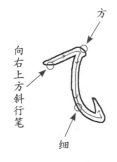

逆锋入笔，先中锋向左下行笔写竖，至转弯处自然调转笔锋，向右横向行笔至末端，最后逆势往上出锋成钩。

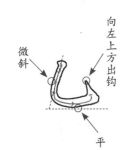

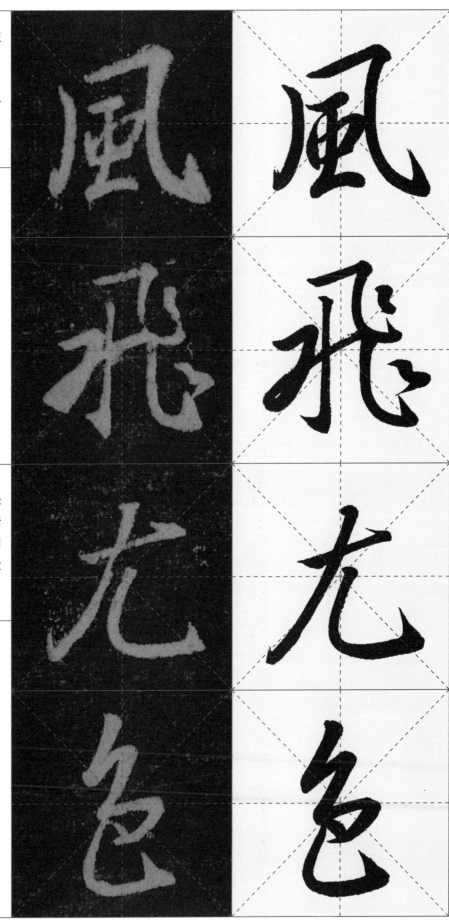

【卧钩】

露锋入笔，顺势向右下行笔，逐渐加粗至末端，再往左上逆势推出笔锋成钩，末端出钩充满力量。注意"卧钩"需要与上下笔画相关联。

露锋起笔

略停顿，再向左上出钩。

"卧钩"形忌大

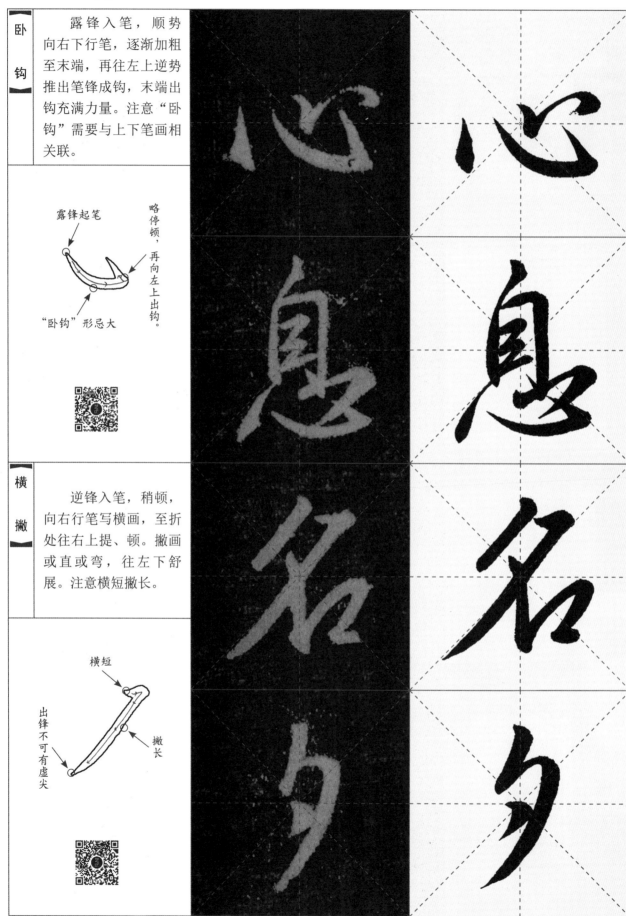

【横撇】

逆锋入笔，稍顿，向右行笔写横画，至折处往右上提、顿。撇画或直或弯，往左下舒展。注意横短撇长。

横短

出锋不可有虚尖

撇长

上紧下松，上面横画粗重，扛肩角度明显。其中两处撇画，上短下长，上撇直下撇较弯。注意下面折处的用笔要根据不同的字产生方圆变化。

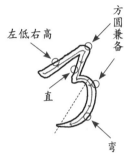

左低右高，竖画向左下斜，且收笔勿重，折处或方或圆。

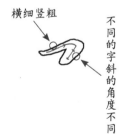

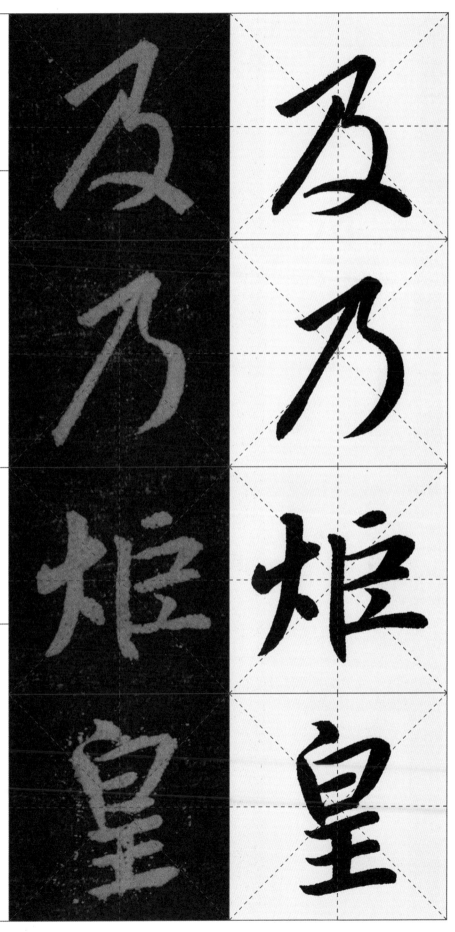

【竖折】

起笔藏锋、露锋均可，折处或轻巧自然，或粗重刚劲，横画长短形态要产生变化。

向右下方微斜

向左下方带笔出锋

【竖弯】

逆锋入笔，竖画或左倾、或右斜，弯处圆融，转弯后向右写横，尾端稍微向右上微翘，收笔出锋，也可回锋收笔。

微斜

也可回锋收笔

自然圆润、勿方。

世

山

也

宅

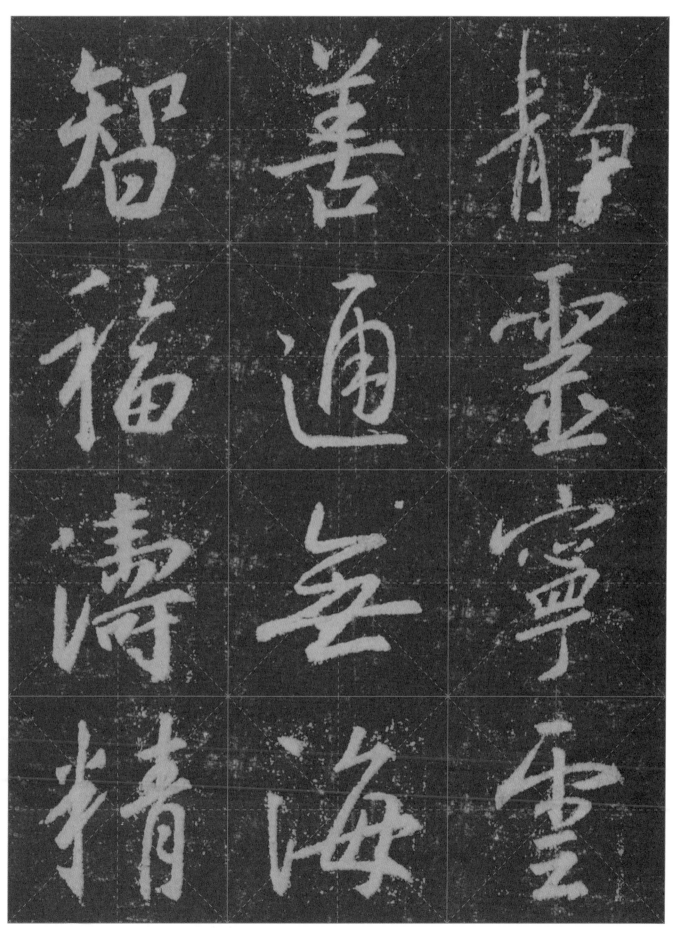

智福壽精　善通玄海　靜靈寧雲

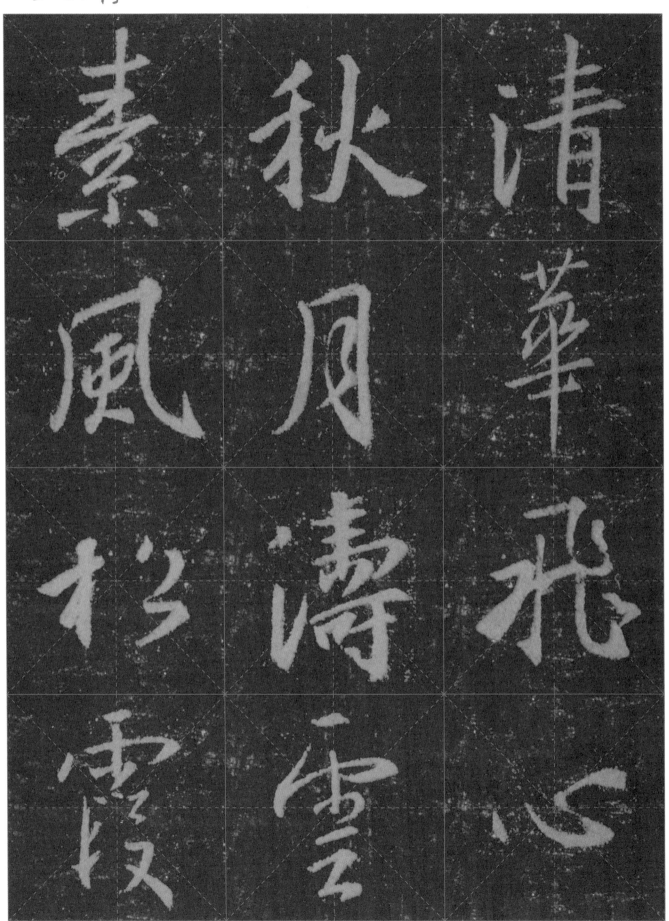

素風杉雪段　秋月壽雲　清華飛心

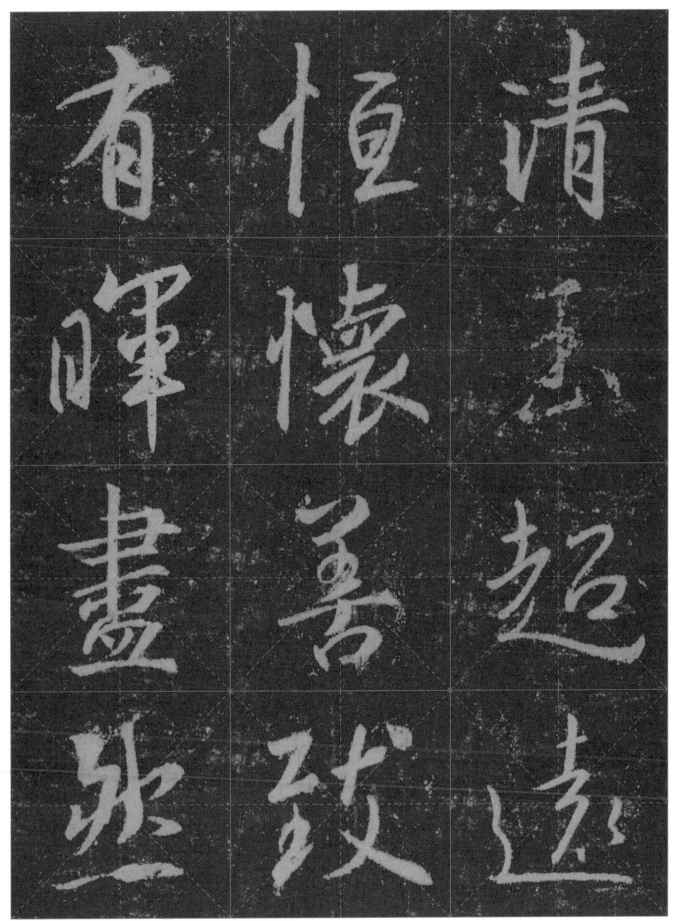

清遠

恒懷善

有暉盡然

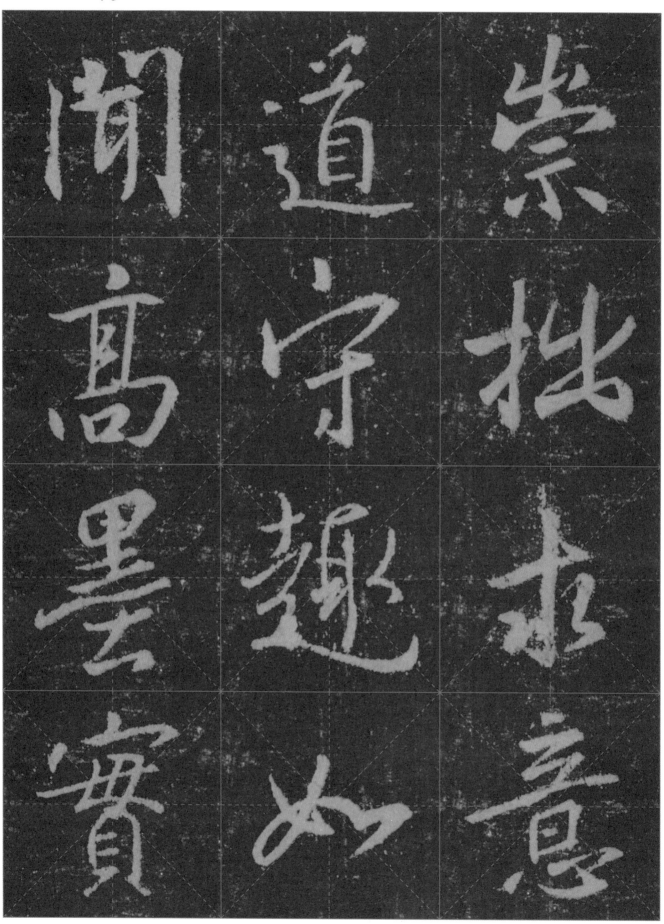

崇
道
聞
拙
守
高
求
趣
墨
崇
如
實
意

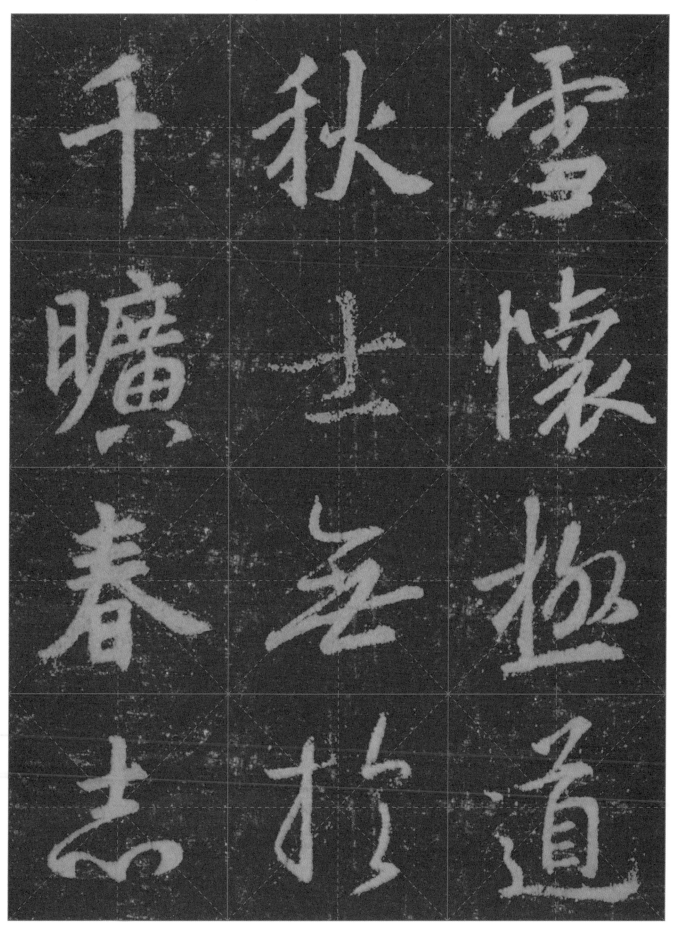

千瞻春志　秋士無於　雪懷極道

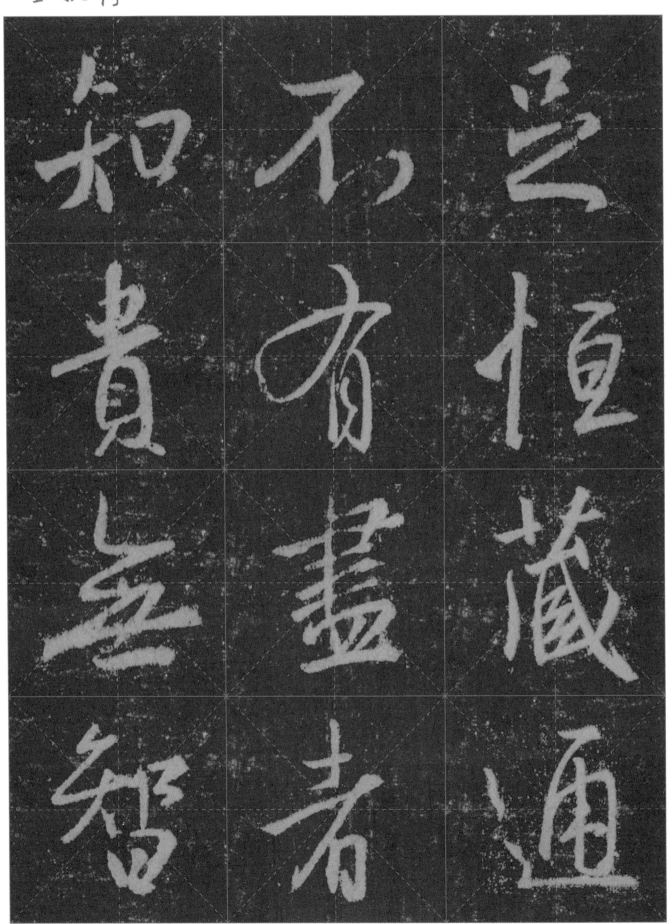

知
貴
至
智

不
有
畫
者

芝
恒
藏
通

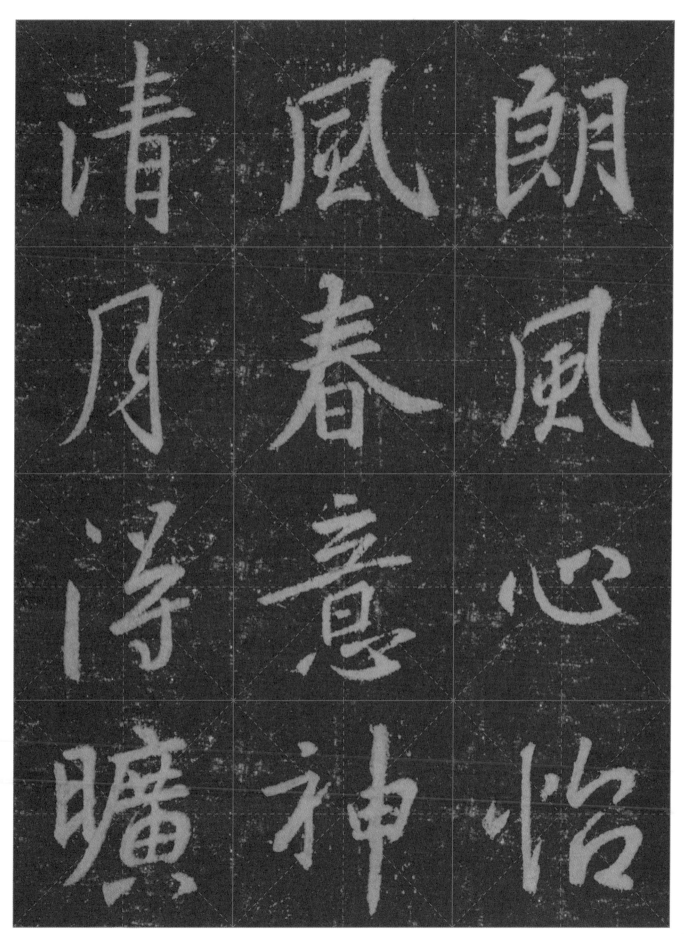

清朗風

月風春

浮心意

曠怡神

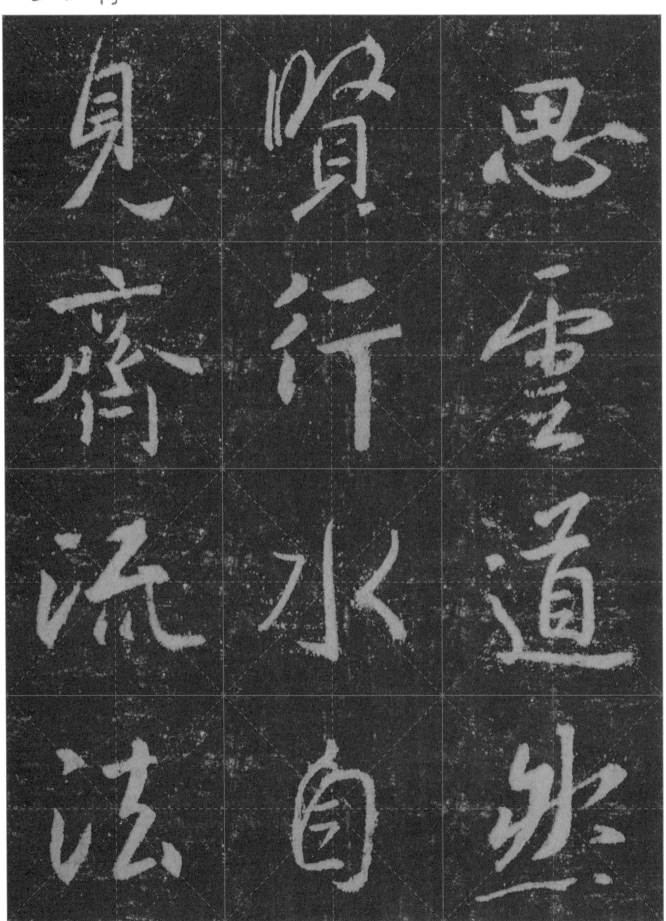

思雲道然
賢行水自
身齋流法

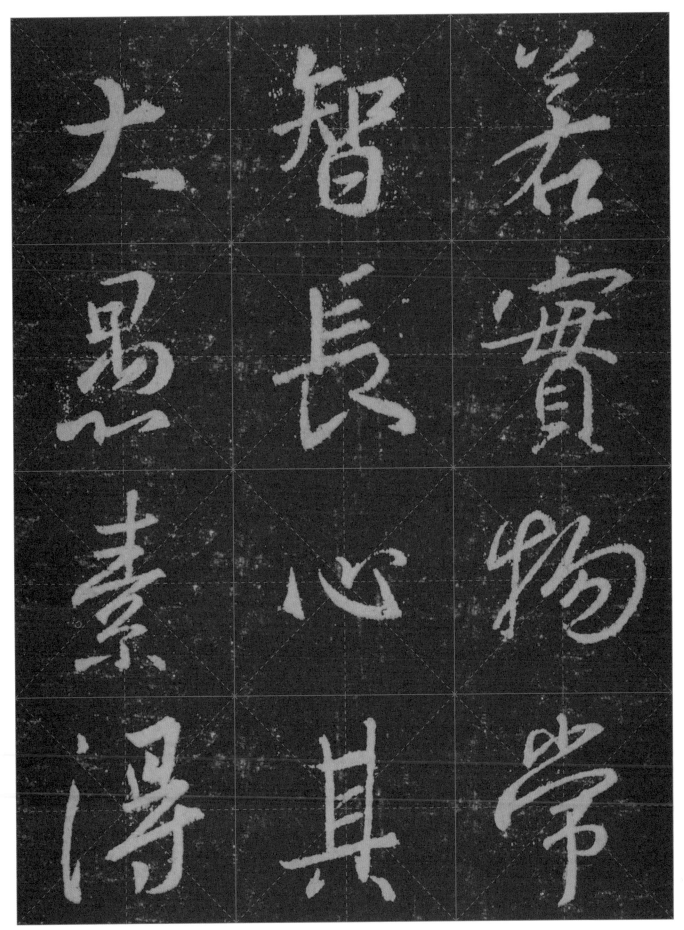

若寶物常

智長心其

大愚素得

聖教序

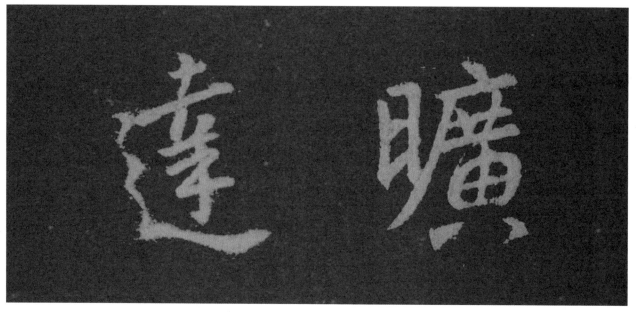

旷达

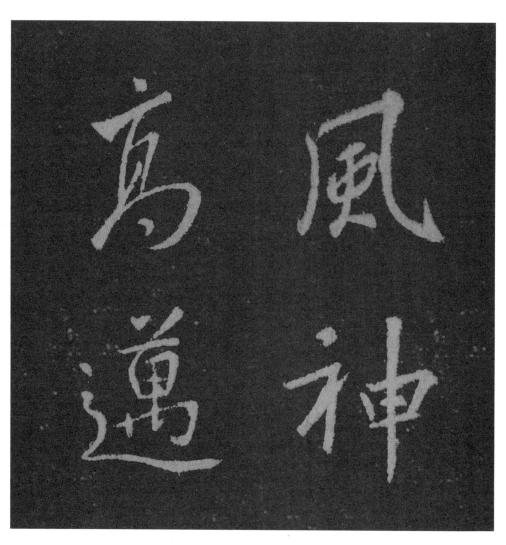

风神高迈

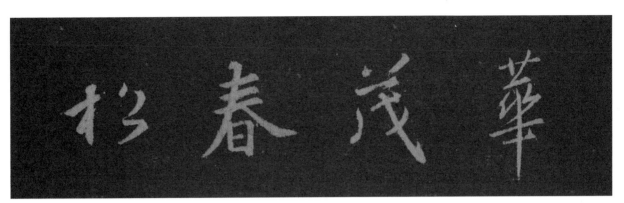

华茂春松

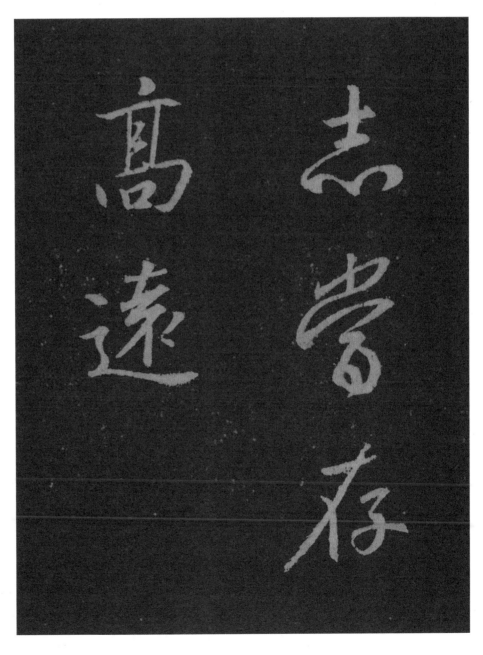

志当存高远

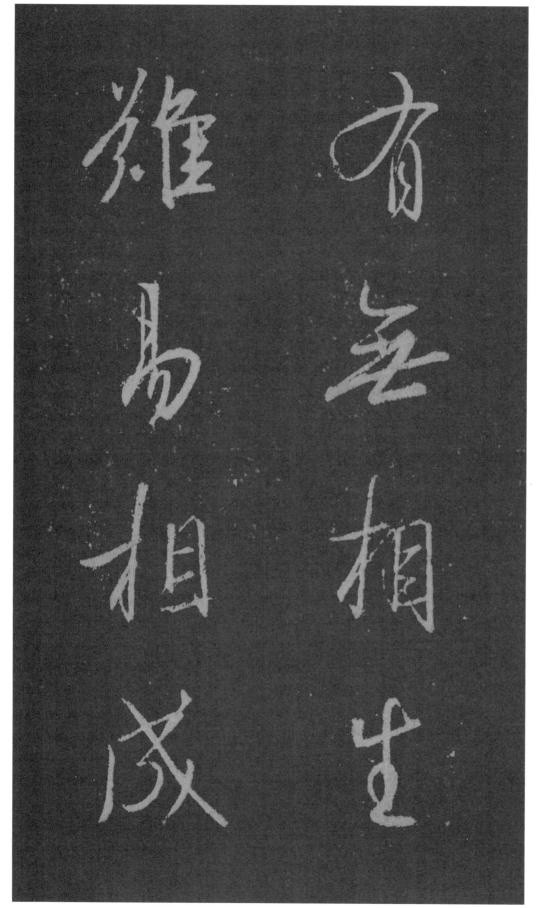